Alexis AGRDEL

LA
QUESTION AFRICAINE

RÉSOLUE PAR UN RÊVEUR

Delenda est Carthago

DEUXIÈME ÉDITION

PARIS
Librairie LÉON VANIER
19, QUAI SAINT-MICHEL, 19

1881

Bordeaux. — Imp. MIOCQUE-BALARAC, rue d'Albret, 20.

LA QUESTION AFRICAINE

RÉSOLUE PAR UN RÊVEUR

Tous droits réservés

Alexis AGEDEL

LA
QUESTION AFRICAINE

RÉSOLUE PAR UN RÊVEUR

Delenda est Carthago

PARIS
Librairie LÉON VANIER
19, QUAI SAINT-MICHEL, 19

1881

Aux peuples européens qui sont prêts à s'entredéchirer pour la question africaine, je dédie ce songe dont il ne tient qu'à eux de faire une réalité.

       Alexis AGEDEL.

VALLADOLID (Espagne) Août 1881.

LA
QUESTION AFRICAINE
RÉSOLUE PAR UN RÊVEUR

UN MOT D'EXPLICATION

Il y a de ça quelques jours, j'ai fait un songe tissu de la fantaisie la plus folle, un songe fantastique, tel enfin que l'imagination féconde des Swift, des Daniel Foë et des Jules Verne n'en n'eût jamais conçu de semblable, bien sûr.

Imaginez-vous que lorsque les rayons du soleil s'infiltrant — la matinée en question — à travers la persienne de ma fenêtre de chambre vinrent obliger mes yeux à se désiller, je me trouvais... au Cap de Bonne-Espérance.

Parti d'Alger la veille, vers onze heures du soir, c'est-à-dire peu après que j'eus été endormi sur le grabat où je repose quotidiennement à la modeste distance de quelques centaines de lieues de cette dernière cité, il avait suffi que les aiguilles de ma montre accomplissent le tiers de leur évolution concentrique, pour que je parcourusse du nord au sud, suivi de cinq cent mille hommes armés de pied en cap, l'immense étendue du continent africain que, nouveau Scipion, j'avais soumis pour la plus grande gloire et le plus grand profit de la société :

France, Allemagne, Angleterre et Cie pour laquelle j'étais parti en guerre.

Que dis-je ? J'avais même préalablement parcouru toutes les capitales de l'Europe pour concilier les gouvernements au mien projet qui aboutit à la formation de la très-puissante et non moins respectée société susdite.

Que de choses nouvelles découvertes à l'admiration du monde, en ces courtes heures! Que d'évènements merveilleux! Que de richesses produites! Que de progrès aussi !

Oyez donc ça lecteurs, et, le récit une fois achevé, vous me direz en toute conscience, si l'esprit humain, lorsqu'il s'est distrait de son enveloppe charnelle et qu'il a la bride sur le cou, n'est pas capable des plus insensées et plus abracadabrantes entreprises!

Avant le Sommeil

∿∿∿∿∿∿∿∿∿∿∿∿∿∿

.·.

Avant tout, un détail.

Lorsque je m'étends, le soir, entre mes deux draps de lit, et que je livre ma tête à l'oreiller pour qu'elle y jouisse jusqu'à l'aube, le lendemain, du repos des justes, il est rare que je m'endorme d'emblée.

Souvent, agité par les tribulations du jour, mon cerveau se refuse à se laisser empoigner par le sommeil, que j'appelle pourtant de toutes mes aspirations; dans l'occurrence, force m'est d'user d'un stratagème très-connu des jeunes modistes : je lis pour fatiguer mes paupières et obliger, de cette façon, le sommeil à venir.

Et si par aventure mon esprit se lasse dans cette lutte avec le dieu Morphée, comme bien on pense, je paie, dans le sommeil, les frais de la guerre : j'ai le cauchemar.

Alors, de même que les jeunes modistes dont j'ai

parlé, lesquelles ne lisant que des romans à la Ponson du Terrail ne songent qu'à des rendez-vous amoureux avec de beaux cavaliers à la moustache en croc et au cœur embrasé, de même moi, qui ne lis que des journaux politiques, je ne songe qu'aux évènements qui agitent le monde.

Chacun son élément sur cette terre.

Or, ledit soir, ayant l'esprit énervé, j'avais dû recourir à mon spécifique accoutumé ; j'avais amoncelé sur ma table de nuit toute une collection de journaux blancs et rouges où, entre autres choses assez soporifiques, j'avais lu pas mal de nouvelles de la question africaine.

De cette affaire-ci, je m'en étais bourré, pétri, martyrisé la cervelle : kroumirs à l'air de chacal, tunisiens au faciès juif, marocains à l'ossature anguleuse, bédoins et numides quasi nus à la figure bestiale, tout le cortége disparate des créatures noires et jaunes du monde de l'Islam et de l'Idolatrie avait défilé devant mon esprit, attristé de sa barbarie et de son fanatisme.

Peu à peu, mes yeux s'étant lassés, mes mains avaient inconsciemment lâché le papier qu'elles tenaient, et je m'étais mis à rêver les paupières mi-closes, aux crimes de lèse-humanité et de lèse-progrès que ces peuples au moral asphyxié donnent sans discontinuer en spectacle aux peuples européens, puis je m'étais pris à chercher les moyens à l'aide desquels ces derniers pourraient bien, enfin, mettre un terme à tant d'atrocités, et projeter un peu de lumière sur tout cet obscurantisme.

Et je m'étais endormi sans conclure, pour la simple raison que la question est un tantinet délicate et que de plus fins que moi y avaient usé leurs ongles.

Un esprit complètement désintéressé des choses terrestres pouvait seul, on en conviendra, trouver le remède et n'être pas en peine dans son application.

Pendant le Sommeil

～～～～～～～～～～～～～～～～～～～

On m'a vu me coucher dans mon lit en Espagne, où je réside, demandant au sommeil un repos dont j'avais grand besoin.

Expliquera qui pourra comment, presque du même coup, je pus me trouver à Paris, debout dans une antichambre du palais de l'Elysée, attendant une réponse à une carte de visite que j'avais confiée à un huissier, après avoir ajouté à la plume, à sa rédaction ordinaire

Alexis AGEDEL,

Homme de Lettres,

ces mots : « sollicite de Monsieur le Président de la République Française l'honneur d'une entrevue immédiate dans laquelle il lui exposera de grandes idées. »

Oui, expliquera qui voudra ce phénomène inexplicable dont je me borne, moi, à affirmer, sans plus de phrases, la parfaite véracité,— passant à la narration de ses incroyables et miraculeuses suites.

A PARIS

M. Jules Grévy est un très-aimable homme ; c'est, au moins, l'effet qu'il me fit lorsque nous nous rencontrâmes.

Il me reçut cordialement, sans façon, comme tout président de République doit, au surplus, recevoir ses concitoyens. Il me désigna un siége voisin du sien, et m'invita à lui exposer l'objet de ma visite ; — ce que je fis.

— Vous êtes, Monsieur, lui dis-je, le Président de gouvernement d'un peuple qui, en dépit de pas mal de défauts inhérents à sa nature particulière, occupe dans le monde une place que toutes les autres nations lui envient, à bon droit.

Nouvelle Athènes, la France tient le sceptre du bon goût en toutes choses, de la délicatesse des sentiments et de la perfection dans les arts ; toutes les œuvres de la civilisation la plus avancée y sont connues ou y trouvent des initiateurs ; alliant avec cela, à un naturel doux et partout estimé, une énergie de caractère indéniable, ses citoyens, par moment, font rappeler Rome sans faire oublier Athènes ; c'est, en un mot, le pays du patriotisme et de l'amour humain poussés à leur limite extrême :

Présider le gouvernement d'un tel peuple est un grand honneur, — que l'on a bien fait de vous concéder, Monsieur.

— Où diable veut-il en venir? parut se demander, à ce moment de mon discours, M. Jules Grévy, qui, quoiqu'il souriât par bonhomie, était certainement interloqué par un pareil préambule.

Je continuai :

— Oui, le peuple français est un grand peuple, ses vues larges, son désintéressement politique, son affection pour l'émancipation humaine, tout me donne la confiance qu'il approuvera mes grands projets......

— Lesquels sont relatifs?...

— Lesquels sont relatifs à la pacification de l'Afrique, à la transformation de cette terre inhospitalière, asile de la sauvagerie la plus épouvantable, en une terre promise, ouverte à tous les hommes qui y trouveront une protection effective pour y jouir sans mélange des délices qu'elle peut procurer... du reste, je viens au fait.

M. Jules Grévy se rapprocha de moi, l'oreille attentive.

— Avant tout, une question, M. le Président. La France est établie en Algérie depuis 1830, n'est-il pas vrai ?

— Rien n'est plus exact.

— Qu'a procuré de profits cette conquête à la mère-patrie jusqu'à ce jour ?

— Les profits que lui ont procuré toutes ses autres colonies : le Sénégal, la Cochinchine....; — les profits que procurent à l'Espagne les Philippines, Cuba...; — les profits que procurent à l'Angleterre...

— Ce n'est pas répondre à la question.

— Si : les conquêtes faites doivent être conservées pour l'honneur national ; mais j'ai lieu de croire que si le siége d'Alger était encore à faire, nous en laisserions facilement la charge à d'autres.

— C'est avouer que cette possession n'a fait que coûter jusqu'ici aux contribuables de la métropole ?

— Comme vous voudrez.

— J'aimerais mieux pour mon pays l'argent qu'il y met que l'honneur qu'il en retire.

— Cela peut se penser, mais non se dire.

— Soit ; si seulement notre domination était effective là-bas !

— Je ne sache pas qu'elle y soit illusoire !

— Par exemple ! mais les insurrections y sont permanentes, mais les colons y sont sans cesse sur les dents pour la garde de leurs biens : heureux quand ils ne paient pas de leur vie leur audace de vivre à côté des arabes ! !

— C'est exagérer...

— Pas le moins du monde ; à preuve les récents évènements : — Bou-Amena retarde d'un demi-siècle le progrès de la colonisation dans notre province d'Oran.

— Bou-Amena sera châtié tôt ou tard !

— Cela ne rendra pas la vie aux alfatiers espagnols qu'il a massacrés à Saïda, et ne fera pas revenir les vingt mille qui, dans leur épouvante, ont repris le chemin de leur patrie.

— Où voulez-vous en venir ?

— A vous faire constater, Monsieur le Président, que, tant que nous serons seuls sur la terre d'Afrique, nous n'y ferons pas avancer la civilisation d'un pas, tant d'hommes et d'argent que nous sacrifions à cette besogne périlleuse, et que notre tranquillité intérieure sera toujours en question eu égard aux jalousies que cette position nous suscite chez les peuples européens.

— C'est que ces peuples ne sont pas sages.

— Hélas! ne savez-vous pas qu'il faut compter ici-bas plus avec les fous qu'avec les sages! — D'ailleurs, pourquoi nous appliquer à aiguiser leur colère?

— Je ne comprends pas.

— N'avons-nous pas mis la main sur Tunis?

— Ce n'est qu'un protectorat.

— C'est une prise de possession, une annexion déguisée.

— L'Angleterre, qui s'est fâchée, est dans une situation moins honnête au Maroc.

— La duplicité du léopard n'excuse pas celle de l'aigle.

— L'empire est mort, et avec lui l'aigle!

— Dieu ait le premier en sa sainte garde ; mais peut-être l'aigle a-t-il laissé une couvée d'aiglons quelque part chez nous? En tout cas, force est d'avouer que nous ne serons jamais bien tranquilles en Algérie, en admettant même que nous n'en soyons pas chassés quelque matin par la meute toute entière de l'Islam soulevée.

— Je redoute d'avantage les compagnies civilisées de l'Europe.

— C'est-à-dire que vous craignez davantage l'ambition de l'Italie, qui voit d'un mauvais œil notre situation à Tunis ; celle de l'Espagne, qui s'accommoderait bien de notre province d'Oran ; celle de l'Angleterre qui, ayant déjà occultement un pied au Maroc voudrait bien poser effectivement l'autre un peu plus en de ça du littoral méditerranéen ; celle de l'Allemagne, qui ne dédaignerait pas tant quelque lopin de terre par là, où elle pourrait déverser profitablement l'excédant de sa population?...

— C'est penser juste.

— Eh bien! il faut procurer à toutes ces ambitions le moyen de se satisfaire ; et nous vivrons en paix... là-bas.

— Oh! autant vaudrait essayer de décrocher la la lune avec les dents.

— C'est plus facile que ça.

— Et le moyen ?

C'est là mon secret, que je vais vous livrer dans toute son ingénuité.

Et ce disant, je pris un air grave et dogmatique, non sans m'être au préalable mouché fortement ainsi qu'un récipiendaire à l'Académie lisant son discours.

M. Jules Grévy, de son côté, un peu moins disposé à me prendre pour un échappé de Charenton, paraissait plus disposé à m'écouter.

Je poursuivis :

— La péninsule africaine mesure de longueur, du nord au sud, à ce qu'affirment les géographes, huit mille kilomètres; et de largeur, de l'est à l'ouest, sept mille cinq cents; selon les apparences, vivent ici environ cent millions de créatures aux formes humaines, c'est-à-dire deux cents millions de moins qu'en Europe, où le continent est de deux tiers moins grand que le continent africain.

Si nous en croyons les récits des Denhan et Clapperton, des Barth, des Livingston, des Stanley, des Beck, des Abbadie et autres hardis explorateurs qui se sont avancés dans l'intérieur, il y a là des richesses naturelles immenses inexploitées.

Quels gens peuplent ce pays de cocagne? Des maures, c'est-à-dire des arabes, des kabyles, des turcs, des thouareghs, des kroumirs et autres gens de même acabit, dans la proportion d'à peu près vingt millions d'individus soumis aux dogmes absolutistes et stérilisants de la religion mahométane, et plusieurs races de nègres, ceux de la Guinée, des Cafres, etc., formant ensemble le reste du contingent, soit à peu près quatre-vingt millions d'individus, tous asservis à un fétichisme grossier.

Mahométans, comme adorateurs du soleil, de la lune et du feu, sont également peu dignes d'intérêt, quoique les premiers forment une race ayant tous les caractères physiques de la nôtre, et soient d'une intelligence perfectible.

Tous également ont voué à l'européen, au « descendant de Caïn », une haine mortelle, ceux-là par fanatisme religieux, ceux-ci par esprit bestial.

Nous en avons incessamment des preuves :

En Algérie, au Sénégal, au Gabon, au Cap, partout où les européens se sont établis et ont tenté d'introduire leur civilisation, ils ont eu constamment à lutter contre une opposition cruelle qui se manifestera toujours, si l'occupation ne prend pas une autre forme; parmi les explorateurs et les trafiquants qui osent s'avancer dans les régions intérieures, peu accomplissent impunément leurs hardies entreprises; c'est à coups de cimeterre et à coups de flèches empoisonnées qu'on les accueille.

Et quelle détestable civilisation! le travail méprisé en quelques endroits comme une chose dégradante; la femme seule soumise aux labeurs corporels; la polygamie et l'inceste élevés à l'état d'institution!

Et quelle férocité ailleurs, et quelles répugnantes coutumes! C'est inénarrable. Il est tels États parmi ces sauvages contrées, où les chefs ou rois peuvent d'un signe, par bon plaisir, faire tomber par centaine les têtes de leurs sujets!

C'est la terre de l'obscurantisme le plus noir allié

aux mœurs les plus avilissantes et les plus atroces.

Pourtant, quelle terre procura jamais à l'homme autant de satisfactions qu'en procurerait celle-ci, si elle était fouillée, soulevée, ensemencée, fécondée par un travail libre ayant pour auxiliaires tous les progrès de la science moderne !

Oui, quel pays promit davantage à l'homme en récompense de son activité ?

Aucun.

Aussi, comment résister à la tentation de soumettre par la force, ce pays qui résiste à tous les entraînements pacifiques ? — Je vous le dis, Monsieur le Président : il faut détruire l'Afrique.

Il faut détruire l'Afrique, non pas par jalousie de sa puissance et de sa civilisation, qui ne sont pas tentantes, mais, au contraire, pour la faire forte et la relever de l'abjection dans laquelle elle vit, — pour en faire un nouveau monde.

Envahir le pays d'un point à l'autre ; — faire disparaître jusqu'au dernier vestige à la force du sabre les mœurs honteuses qui y fleurissent ; — exploiter les richesses incultes ; — obliger au travail les hommes qui ont refusé jusqu'ici de s'y adonner ; — asservir, s'il n'est possible de faire autrement, la génération adulte, et prendre soin de celle qui s'élève en lui refusant jusqu'à la connaissance de la langue de sa devancière; — faire ici, enfin, ce qu'a fait la nation yankee dans l'Amérique septentrionale : refouler le sauvage et lui substituer partout l'homme civilisé, l'homme libre, humain, respectueux de la vie d'autrui, policé dans ses rapports avec ses semblables :

Telle est la tâche qui incombe à l'Europe; — tâche sainte, magnifique, grandiose qu'elle doit accomplir sans plus tarder !

— C'est parler d'or, Monsieur l'homme de lettres !

— C'est parler raisonnablement, Monsieur le Président.

S'agit-il donc, en effet, d'une œuvre irréalisable, d'une tour de Babel à édifier?

> Travaillez, prenez de la peine :
> C'est le fonds qui manque le moins

a dit notre grand fabuliste Lafontaine; c'est-à-dire veuillez et vous obtiendrez.

Pour pacifier l'Afrique et en faire une colonie européenne, je demande aux peuples européens trois choses seulement : la première, de consentir à suspendre durant une année entière, mais pas plus, toute hostilité entre eux à propos de la question africaine; — la deuxième, de vouloir bien me confier un corps d'expédition de cinq cent mille hommes pris dans tous les états européens — la Turquie exceptée — proportionnellement à leur importance politique ; — la troisième, de s'imposer entre eux d'un tribut de guerre d'un milliard de francs.

Toutes choses faciles.

Qu'est-ce, en effet, que cinq cent mille hommes à distraire de l'effectif militaire de l'Europe, malheureusement si considérable ? Une misère. — En Algérie même, la France n'entretient-elle pas couramment un corps d'occupation d'environ soixante-dix mille hommes ?

Aussi bien, qu'est-ce qu'un milliard de francs pour la totalité des contribuables de notre continent ? Une autre misère. Et, du reste, on pourrait procéder par voie d'emprunt. N'avons-nous pas trouvé, nous, il y a dix ans, cinq milliards pour débarrasser notre territoire de l'ennemi ?

Peut-être trouverez-vous, Monsieur le Président, que la question de me confier le soin de diriger l'expédition, mérite un examen approfondi ? Quoique Moreau, Augereau, Hoche, Bonaparte, lorsqu'ils battirent à l'aurore de ce siècle des ennemis puissants ne fussent guère que des généraux improvisés — ce sont les bons — je ne commettrai pas la sottise de me dire bâti de leur mortier et de me croire capable de prodiges en les choses de la guerre ; et je l'avoue d'ores et déjà, pour la moindre des choses que mon choix rencontrât de l'opposition — l'opposition est probable, — je ne ferais de crime à quiconque de préférer un autre à ma pauvre diablesse de personne, — pourvu, toutefois, que cet autre ne fut pas un colonel Mallaret.

Or, voyez maintenant les résultats de l'expédition :

La bannière civilisatrice de l'Europe flottant, une année après l'ouverture de la campagne, du Cap Bon au Cap de Bonne-Espérance et du Cap Vert au Cap Gardafui, sur toutes les mosquées, pagodes, marabouts et autres temples de l'abrutissement du monde africain ;

Le Maroc, l'Algérie, la Tunisie, la Tripolitaine, l'Egypte, le Sahara, le Soudan, la Nigritie, la Nubie, la Guinée, la Cafrerie, l'Abyssinie, l'état de Dahomey, le Congo, — tous ces refuges, tous ces nids de la piraterie barbaresque, de la fainéantise musulmane et de l'anthropophagie négrillonne, fouillés, désinfestés de leur vermine ; à la place, l'air pur circulant et réveillant la vie ;

Le transaharien en construction ;

Le désert se couvrant de verdure et de champs fertiles, grâce aux eaux des fleuves intérieurs détournés de leurs cours, grâce aussi aux puits artésiens multipliés ;

Des oasis s'élevant partout où auparavant soufflait

le simoün, et des colonies nombreuses vivant à leur ombre du fruit abondant d'un labeur rendu facile par l'emploi des indigènes soumis jusqu'à ce que leur intelligence se soit éclairée ;

Les forêts exploitées, les terres défrichées, ensemencées et produisant des récoltes à défier l'Amérique;

Les animaux nuisibles disparaissant de tous les points où l'homme aura fixé ses pénates ;

Des routes créées, des chemins de fer s'établissant et mettant en relations intimes les populations des contrées les plus distantes : Zanzibar avec Alger en passant par la Nigritie, Saint-Louis avec Alexandrie d'Egypte en passant par Tombouctou ;

Le Nil, toujours fertilisateur, refrené dans son lit; le Niger et le Zambèze livrés à la navigation ;

Le trop plein de la population européenne se déversant là, au lieu d'aller augmenter celle de l'Amérique déjà pléthorique ;

L'Afrique, en somme, colonie européenne à deux pas de Londres, d'Anvers, de Marseille, de Gênes, de Naples, de Venise, de Trieste, de Barcelone, de Lisbonne, — à quelques heures également — au sud — de Bombay, de Calcutta et de Melbourne, les phares de la civilisation européenne dans l'Inde et le monde austral.

Quelle œuvre ! et quelle est digne de l'Europe, qui

y trouvera, avec la fortune, l'oubli de ses rancunes internationales ! Car, en effet, que servirait aux peuples de notre continent de continuer de s'entretuer pour se dérober des provinces — des lopins de terre ! — alors qu'ils auront à leur porte vingt-neuf millions de mètres carrés d'une terre vierge, fertile, à utiliser et à cultiver sous la protection commune ?

Le français serrant la main au prussien dans cette œuvre de concorde, l'autrichien embrassant l'italien, le polonais oubliant le russe, le portugais souriant à l'espagnol, — tous réprouvant le turc, désormais abandonné à sa dégradation qui assure sa destruction pour quelque jour ; — quel admirable spectacle !

— Oui, pour un admirable spectacle, voilà un admirable spectacle.

— Quel prodigieux résultat !

— Ne vendez pas la peau de l'ours avant de l'avoir tué...

— Non ! mais je pressens un évènement inévitable ; et d'ailleurs, je veux le provoquer ; c'est pourquoi je suis ici.

— Très-bien. Que voulez-vous de moi, — que puis-je dans l'occurrence ?

— Que vous poussiez le pays à accepter de faire partie d'une société qui, sous la raison sociale : France, Allemagne, Angleterre et Cⁱᵉ, aura pour objet la pacification et l'exploitation de l'Afrique, c'est-à-dire que vous le décidiez à apporter à la société, avec une part de numéraire, cinquante mille hommes de troupe et une portion de sa flotte.

— Besogne délicate !

— La croyez-vous impossible ?

— Non ; après tout, je puis en référer au ministère qui pourrait sans plus de formalités, assumer sur lui la responsabilité de la décision, sous le prétexte de marcher dans le concert européen ?

— Va pour le subterfuge, s'il doit aboutir !

— Un détail ! quels profits échoiront à la France dans l'entreprise ? L'Algérie nous a fait suer sang et eau depuis qu'elle est terre française, tout le monde sait ça ; nous tenons à la conserver, de même que le Sénégal, nos îles de Nossi-Bé, de Sainte-Marie et de la Réunion, nos établissements du Gabon et... Tunis.

— Soyez sans inquiétude ; exception faite de cette dernière possession, qui pourra être discutée, les biens acquis seront respectés. La société aura amplement de quoi satisfaire ses appétits ; et outre qu'elle nous reconnaîtra fondés, eu égard à notre précieux concours, à réclamer une portion du gâteau, elle nous garantira nos droits antérieurs.

— L'explication me plaît. Sur ces bases, vous pouvez compter sur la France. Assurez-vous de la collaboration de nos voisins, et tout ira comme sur des roulettes. — Où allez-vous de ce pas?

— A Berlin.

— Mes vœux vous y accompagnent. — Adieu Monsieur l'homme de lettres!

— Mes respects, Monsieur le Président!

Et je partis.

A BERLIN

Je n'avais pas quitté le Président de la République française que déjà je me trouvais à Berlin, attendant d'être introduit auprès du grand chancelier de l'empire d'Allemagne.

Quand on m'ouvrit la porte du cabinet de travail de celui-ci — porte que gardaient deux cuirassiers blancs hauts de six pieds six pouces, sévères comme la statue du Commandeur dans Don Juan — et que je me vis en présence de l'homme qui tient une si grande place dans les préoccupations du monde politique moderne, je ne pus m'empêcher d'éprouver une sorte de saisissement qui se dissipa, du reste, comme un souffle.

Le prince de Bismark, debout devant la haute cheminée vide de feu de l'appartement, les mains croisées derrière son dos, ses épais sourcils froncés à la manière d'un homme qui scrute les détails d'un objet qui a fixé son attention, me laissa m'avancer à une certaine distance de lui, puis, m'adressant brusquement la parole sans m'inviter à m'asseoir, — ainsi qu'un maître d'école questionne un élève :

— C'est vous qui vous appelez Alexis Agedel?...

— Pour vous servir, Exc....

— C'est bien..... Je vous attendais..... Confirmez-moi ce que vous avez dit à M. Jules Grévy dans votre entretien avec lui.

— Quoi! vous savez?

— Je sais tout.... — Vous voulez conquérir l'Afrique; vous voulez en faire une colonie européenne; vous demandez pour cela cinq cent mille hommes et un milliard de francs; c'est assez bien trouvé. Pour ma part j'y applaudis, et je veux bien vous prêter la main, si je dois gagner ainsi plus que je n'espère.... pêcher dans les eaux actuellement troublées de la Méditerranée... — Voyons, quels sacrifices demandez-vous à l'Allemagne en retour de sa coopération dans cette affaire?

J'étais suffoqué! Comment le grand chancelier avait-il appris ma conversation avec le Président de la République française? Celui-ci la lui avait-il donc télégraphiée?

Je voulus hasarder un brin de question, mais le sphynx dit :

— Monsieur le Français ne vous mêlez que de ce qui vous regarde. M. Grévy est un Président de République trop correct pour agir en dehors de son ministre des affaires étrangères, qu'il n'a pas rencontré depuis qu'il vous a vu, vous ; mais j'ai mes moyens d'information.... Voyons vos explications. Et faites vite, ayant à faire chez l'Empereur et au Reischtadt, où j'annoncerai, s'il y a lieu, notre participation à la mise à la raison de l'Afrique...

— J'obéis, Excellence. — L'Allemagne, que vous avez recollée, compte, aujourd'hui, grâce à l'addition de l'Alsace et de la Lorraine que... qui...

— Allez donc !

— ..Compte, dis-je, quarante-deux millions d'âmes, n'est-il pas vrai ? C'est une forte nation militaire ; pour elle, le sacrifice — je veux dire l'aliénation pour quelque temps — de cent mille hommes, sera une bagatelle. Le soldat ici est discipliné dans le rang, le chef ne badinant pas ; son cœur ne s'émeut pas facilement devant les misères humaines ; il sait fusiller les vieillards et violer les femmes.... quand il faut, c'est-à-dire quand, la lutte étant ouverte, il s'agit de rivaliser d'orgies et de crimes pour vaincre. En Afrique, où l'indigène n'est pas tendre non plus, ces qualités seront précieuses : — ne me refusez pas ces cent mille collaborateurs-là :

C'est la quantité de cosacks du Don que je demanderai en Russie à Sa Majesté autocratique ; c'est cinquante mille hommes de plus que je n'en demanderai à l'Autriche ; c'est cinquante mille hommes de plus que ne demanderai de cipayes à la très-gracieuse et surtout très-puissante Reine des Indes ; cinquante mille hommes de plus que je n'en puis demander à l'Espagne et à l'Italie ensemble ; c'est le chiffre que je demanderai à la réunion des gringalets de royaumes qui gisent çà et là ; c'est enfin cinquante mille hommes de plus que la France n'en incorporera dans l'armée des états coalisés ; mais la France fournira des vaisseaux comme l'Angleterre, l'Italie et l'Espagne, suivant ses moyens ; et tous fourniront de l'argent, que l'Allemagne, qui, comme le militaire au service de l'Autriche....

— Soit ; c'est affaire entendue ; sous la réserve toutefois que l'expédition ne sera pas exclusivement humanitaire, attendu qu'en Allemagne nous nous nourrissons d'autre chose que de pensées généreuses : il y a là-bas des trésors qu'il faudra expédier en Europe et que nous nous partagerons ici en compensation de nos soucis ; de plus, il sera entendu que la France et l'Angleterre, — qui, étant établies déjà sur plusieurs points, pourraient exciper de leurs sacrifices antérieurs pour être avantagées—n'auront aucune prépondérance sur nous sous le soleil africain, qui devra chauffer une propriété allemande bien choisie.

— Toutes ces conditions sont légitimes; du reste, elles seront discutées et établies d'avance dans un traité international.

— Les bons comptes font les bons amis, Monsieur le Français. Les choses étant ainsi réglées, je vous mettrai entre les mains les cent mille hommes demandés, avec quelques solides généraux, que vous voudrez bien admettre dans votre état-major, plus une collection de canons Krüp, qui ne peuvent manquer de faire merveille contre les villes mauresques et moricaudes.

— C'est presque me promettre que vous ne vous opposerez pas à mon élection comme chef de l'expédition?

— Ma foi, ayant conçu le projet il me semble raisonnable que vous le meniez à bout.

— C'est être très-aimable...

— Au fait, exhibez-moi un peu votre plan de campagne. Comment entendez-vous pousser les opérations?

— De la simple façon que voici :

L'Algérie étant un pays allié nous sera ouverte depuis Oran jusqu'à... Tunis. J'y ferai débarquer le corps expéditionnaire, qui s'étendra sur toute la longueur du littoral entre ces deux points extrêmes, pendant que la flotte, divisée en deux commandements, surveillera les côtes est et ouest.

Position étant ainsi prise, d'ici je sommerai le Maroc d'abord, la Tripolitaine et l'Égypte ensuite, d'avoir à se soumettre sur l'heure aux armes européennes, sous menace d'être mis à sac ; en cas de soumission immédiate — le cas est probable, — j'exigerai de chacun de ces pays :

1° La remise de toutes les places fortes, que je ferai occuper ;

2° La remise de toutes les armes de guerre quelconques ;

3° Le désarmement de toutes les tribus, ne laissant d'armes qu'aux résidants européens désormais protégés par un seul drapeau ;

4° La constitution entre mes mains, comme prisonniers, de tous monarques, princes et grands prêtres, qui seront expédiés avec tous les honneurs dûs à leur rang en Europe, pour y être gardés à vue dans des résidences fixes ;

5° La destitution de tous les chefs de ville, de tribus et autre menu fretin du fonctionnarisme, pour leur substituer des chefs militaires européens, seuls juges, jusqu'à l'achèvement de la conquête, des méfaits des indigènes ;

6° Un impôt de guerre, plus la remise de tous les trésors particuliers des princes destitués et autres gens particulièrement taillables.

Ces premières conditions étant obtenues, j'organiserai des corps indigènes que nos officiers pour y maintenir une saine discipline mèneront le revolver au poing, — et qui formeront l'avant-garde et les colonnes de résistance dans la marche en avant.

Aux peuples soumis, j'assurerai la tranquillité intérieure et la jouissance de notre société, sous les seules conditions de rester calmes et de coopérer en compagnie de nos propres travailleurs aux travaux d'établissement de chemins de fer, de création de routes, de tracés de canaux, d'édification de constructions et autres qui seront immédiatement entrepris sous la direction de nos ingénieurs ou à l'initiative des sociétés financières et commerciales qui ne manqueront pas de s'organiser pour l'exploitation des terres, qui seront données en concession, des mines, etc.

Et je marcherai devant moi, du nord au sud, usant des mêmes procédés partout, écrasant les rebelles, battant les nègres avec les arabes, les arabes avec les nègres, n'employant mon armée européenne qu'en réserve et qu'à l'occupation, prélevant des tributs de guerre, laissant à chaque commandant de place l'ordre de faire défricher autour de lui les terres incultes par les indigènes enrégimentés et vivant d'une portion réservée de la fortune de leurs anciens oppresseurs, dépossédés.

L'œuvre accomplie, c'est-à-dire l'Afrique étant pacifiée, soumise, envahie, la colonisation y étant assurée contre les attentats, je reviendrai achever mes jours en Europe, demandant ici pour toute récompense civique, la reconnaissance de la supériorité du nouvel état des choses sur l'ancien.

— Et vous aurez bien mérité ça, Monsieur le Français. Mais, comme ce doit être l'œuvre de tous, assurez-vous, avant de chanter victoire, de l'avis de nos amis les anglais, qui ne verront peut-être pas d'un bon œil. . .

— Oh! je suis sûr d'eux ; j'ai. . .

— Parfait ! je n'ai pas réfléchi, du reste, à la question à cet égard ; les intérêts des autres ne me regardant pas. En attendant donc de vos plus amples nouvelles, j'ai l'honneur de vous saluer. . . . .

. . . .

Et Monsieur le Grand Chancelier m'ayant planté là, je pris mon vol vers Londres.

A LONDRES

. . . .
. . . .

— Tel est Monsieur Gladstone le projet à réaliser ; le concours de la France et de l'Allemagne lui est assuré ; celui de l'Angleterre ne saurait lui faire défaut.

— Oh! l'affaire mérite examen!

— J'en conviens; mais c'est une grande œuvre humanitaire....

— Bon, mais paiera-t-elle?

— Je ne comprends pas très-bien cette expression, Monsieur le Ministre ; c'est sans doute un provincialisme?

— Je veux dire, combien de livres sterling l'Angleterre retirera-t-elle de l'expédition?

— Des montagnes...

— La charge de quelques steamers nous suffira.

— Ils vous sont d'avance garantis.

— Autre question : nous sommes établis déjà depuis longtemps sur certains points de l'Afrique, au Cap, dans le Transwal...

— En Egypte, au Maroc...

— ... Nous avons, en un mot, de gros intérêts en Afrique ; nous seront-ils garantis?

— Indubitablement.

— Nous avons dans l'isthme de Suez un chiffre assez respectable de millions; que deviendra l'isthme?

— Il restera ce qu'il est : la propriété de ses actionnaires qui, eu égard au trafic énorme qui résultera pour le canal de l'émigration sur la côte de la mer Rouge et du développement du commerce avec l'Europe, verront le prix de leurs titres monter de 1750 francs — leur cours actuel — à 3,000 francs.

— Oui ! bonne affaire alors pour l'Angleterre ?

— C'est clair; de même qu'il est clair que Bombay, Calcutta, Melbourne et les autres villes anglaises de l'Océan indien jouiront, par contre coup, d'une prospérité mercantile à rendre Londres jalouse.

— Très-bien, Monsieur. Et quelles conditions impose-t-on à l'Angleterre pour l'admettre dans ce concert européen?

— Celles de mettre une portion de sa puissante flotte à la disposition de la société pour surveiller concurramment avec celle des autres nations le littoral envahi, et bombarder, le cas échéant, les places récalcitrantes ; de fournir au corps expéditionnaire cinquante mille combattants, highlanders, cipayes ou autres ; enfin, de supporter un peu du fardeau financier : des riens, quoi, pour la puissante Albion !

— All right ! Alors, vive l'Afrique, ou plutôt vive le Angleterre, France and company, car la Reine pas plus que la Chambre des Communes, et la Chambre des Lords pas plus que celle-ci ne s'opposeront à cette grande œuvre de civilisation ! — Partez, dear sir, et comptez sur nous...

Et. . . . .
. . . .

DE ROME A SAINT-PÉTERSBOURG

. . . .

Et le premier ministre, chef du Foreign-Office, s'étant éclipsé, je me trouvai successivement à Saint-Pétersbourg, à Rome, à Madrid, à Lisbonne, à Bruxelles, à Genève, à Copenhague, à Stockolm, à Vienne et Athènes, convertissant au projet que l'on connaît dans tous ses détails, les gouvernements éblouis :

A St-Pétersbourg, je fis voir la question d'Orient simplifiée, réduite à sa dernière expression par la suppression du facteur principal : le turc maintenant sans force en Europe et impuissant à éviter le russe;

A Rome, je fis espérer Tripoli, à défaut de Tunis;

sans négliger de montrer les cités de l'Italie méridionale, Gênes, Livourne, Naples, devenant des entrepôts maritimes actifs pour les expéditions à destination de la Nouvelle-Europe ; je rappelai l'antique prospérité de la ville des doges, de Venise encore susceptible de renaître de ses dunes ;

A Madrid, je réveillai la haine vieille de treize siècles de l'Espagnol pour le Maure, l'aiguisant des détails des évènements présents ; je refis le spectacle des efforts héroïques d'O'Donnell au Maroc restés pour ainsi infructueux ; je fis espérer Fez et montrai... pour un temps peu éloigné Gibraltar revenant au main de la patrie ;

A Lisbonne, je fis voir le Portugal s'affirmant dans ses possessions de la côte Océanique et agrandissant son domaine amélioré par un voisinage civilisé ;

A Copenhague et à Stockholm, je parlai des immenses quantités de poissons salés qui allaient devenir nécessaires sur le continent africain ;

A La Haye, je rappelai la prospérité coloniale défunte et fis rêver à un retour vers ce passé plein... d'épices et de gomme arabique ;

A Bruxelles, j'indiquai la nécessité de lutter par Anvers contre la prospérité pendante d'Amsterdam et de Rotterdam, rappelant, entre temps, à sa majesté Léopold, qu'elle est quelque chose comme présidente d'une société d'études africaines ;

A Genève, je promis un bout de terre avancé dans la mer pour y entretenir quelques barques nécessitant alors un... amiral suisse ; je parlai, surtout, d'une nouvelle Suisse, inondant la Nouvelle-Europe de ses innombrables produits chronométriques ;

A Athènes, enfin, j'exhumai le tableau de la Grèce antique avec ses colonies multiples peut-être exhumables des champs où elles dorment, et je fis voir la Capitale défiant Constantinople, isolée comme une veuve du Malabar.

Et partout j'insistai sur la justice et la beauté de l'œuvre.

Rappelant les vers de Régnier :

> Corsaires à Corsaires,
> L'un l'autre s'attaquant,
> Ne font pas leurs affaires.

je montrai les peuples méditerranéens, si souvent agités jusqu'ici par leurs convoitises sur l'Afrique, redevenus calmes par effet de l'arrangement des choses ; j'évoquai le spectre des missions européennes écrasées et réclamant vengeance ; et partout, je trouvai le monde européen heureux de participer à la nouvelle croisade.

Restait à rappeler à chacun ses promesses, c'est-à-dire à formuler le pacte social.

En narrateur véridique, je dirai que je ne présidai pas à ce laborieux travail qui, cependant, s'accomplit, puisque un moment vint où je me trouvai transporté sur le sol Africain, ayant sous la main toutes les forces promises, et prêt à commencer les hostilités.

On va voir comme aboutit l'affaire

En Afrique

> Allons, enfants de la patrie,
> Le jour de gloire est arrivé !

EN AFRIQUE

Alger, point principal de ralliement de toutes les forces que les états européens avaient consenti à mettre à mes ordres, venait de voir débarquer les derniers bataillons complétant les cinq cent mille hommes du corps expéditionnaire.

D'Oran à Tunis ce n'était qu'un flamboiement d'armes sous le ciel doré.

Les indigènes des deux pays soumis comtemplaient en foule, sur toute la ligne du corps d'armée, moitié confiants, moitié effrayés, l'aspect guerrier et résolu des soldats européens occupés ceux-ci au nettoyage de leur fourniment et à l'entretien des équipages, ceux-là faisant la popote pour tous.

Avez-vous ouï quelques fois, lecteurs, le bruit étrange, indéfinissable qui s'entend sur les côtes où l'Océan déferle de ses vagues mugissantes? Il sortait de cette immense foule armée un bruissement analogue.

C'était quelque chose comme une menace énorme, comme le rugissement du lion prêt à s'élancer sur son ennemi.

Cela devait s'entendre loin, bien loin, car les tribus sahariennes pourtant si hardies en tremblèrent avant que d'être menacées.

Logé au palais du gouverneur général français, qui avait mis à ma disposition tous ses services, je reçus là, entouré de mes aides-de-camp, — un prince royal d'Allemagne, un fils de la famille royale d'Angleterre, un jeune officier de l'école supérieure de guerre française, et un parent du roi Humbert — je reçus là, dis-je, tous les officiers supérieurs, retenant près de moi ceux qui m'avaient été particulièrement recommandés par leurs gouvernements respectifs.

La réception terminée, j'invitai ces derniers à as-

sister à notre première conférence, que j'ouvris par
le discours suivant :

Messieurs les Officiers,

« Une grande et magnifique œuvre à accomplir
» nous réunit pour quelques mois sous un drapeau
» unique : il s'agit de pacifier l'Afrique et d'en faire
» une terre européenne, où le progrès prendra la
» place de l'ignorance et d'où toutes les iniquités
» seront chassées.

» Souffrez qu'avant de vous initier aux détails du
» plan que j'ai formé pour mener à bout cette besogne
» difficile, je vous souhaite la bienvenue et que je
» vous remercie d'avance du concours actif et éclairé
» que je suis sûr de recevoir de vos valeureuses per-
» sonnes.

» La campagne que nous commençons et que nous
» mènerons sans nul doute à bonne fin — le dieu
» des chrétiens aidant, — exige que nous oubliions
» tous nos nationalités respectives et que nous fassions
» taire nos ressentiments de race pour que l'unani-
» mité et la sympathie de nos rapports ne soient pas
» troublées.

» Songeons à notre responsabilité.

» Il n'y a ici, ni des français ni des allemands, ni
» des russes ni des polonais, ni des espagnols ni des
» portugais, ni des italiens ni des autrichiens : il
» n'y a ici que des défenseurs de la Nouvelle-Europe
» naissante.

» Oui, messieurs, il importe de s'en bien pénétrer
» tout de suite.

» Nous sommes cinq cent mille soldats qui voulons
» conquérir un continent immense où vivent cent
» millions d'hommes, sauvages pour la généra-
» lité.

» Une telle tâche ne saurait s'accomplir sans dom-
» mages : sans doute, lorsqu'elle sera achevée et que
» nous nous compterons, beaucoup d'entre nous,
» absents, auront payé de leur vie leur dévouement
» au progrès; beaucoup reposeront au milieu de ces
» plaines ensoleillées. Qu'importe! n'est-ce pas un
» grand honneur que de féconder, même au prix de
» sa vie, le sol où doivent s'élever et se per-
» pétuer des générations qui vénèreront nos mémoi-
» res?

» Peut-être aussi, les obstacles que nous présumons
» être nombreux sont-ils moins multipliés que nos
» imaginations incertaines ne se les représentent.

» En tout cas, si nous ne sommes que cinq cent

» mille hommes — le chiffre pourtant est respecta-
» ble, — nous avons au moins avec nous des engins
» de destruction d'une perfection incomparable,
» outre que notre bannière rappelle que nous
» sommes les délégués de trois cents millions d'âmes.
» Et, à cet égard, comptons sur l'effet produit pour
» ménager le sang.

» Le sang, nous ne le répandrons que forcés con-
» traints, alors que, toutes les sommations ayant été
» faites au nom de notre droit, on se sera refusé à se
» rendre à nos représentations amicales.

» Aux peuples qui se rendront à nos revendications,
» nous promettrons et assurerons notre protection,
» moralisant leur vie par la destruction de toutes leurs
» institutions sanguinaires ou dégradantes.

» Et, quoique oppresseurs, nous mériterons d'être
» bénis.

» Je termine, messieurs et, permettez-moi d'user
» déjà de ce titre — chers compagnons d'armes.

» Bientôt je donnerai le signal de la marche en
» avant : que vos soldats soient prêts à toutes les né-
» cessités, à tous les sacrifices ; préparez-les à la lutte
» en les réconfortant de tous les encouragements que
» dicte l'honneur et qui découlent de l'œuvre ébau-
» chée.

» Qu'ils soient disciplinés sous vos ordres, et

» je leur promets des victoires telles que celles
» d'Alexandre, d'Annibal, de Bonaparte, seront
» éclipsées, d'autant qu'elles auront été poursuivies
» au nom de la Justice et de la Fraternité et qu'elles
» auront été remportées sur les peuples les plus
» effroyables du monde.

« Vive donc la Nouvelle-Europe ! »

Ayant ainsi conclu, je dus supporter les acclamations enthousiastes des officiers, qui me prouvèrent par leurs félicitations et leurs congratulations réciproques que tout allait pour le mieux.

Je leur communiquai ensuite les termes d'une sommation que j'allais faire parvenir simultanément à l'Empereur du Maroc, au Bey de Tripoli et au Khédive d'Égypte, ainsi qu'aux chefs des tribus arabes et kabyles.

Cette sommation, rédigée dans des termes énergiques, établissait les raisons qui avaient obligé l'Europe à envahir le sol Africain, et elle réclamait, sous peine de pillage, l'exécution de toutes les conditions qu'on m'a vu communiquer à Berlin, à M. le prince de Bismark.

Comme complément, je décidai qu'un appel à la concorde et à la soumission, imprimé en toutes les langues et tous les dialectes du continent, serait répandu par le soin d'émissaires dans tous les lieux où vivait une âme.

Je transcris ici, à titre de document historique, la traduction française de cette profession de foi simple mais de bon goût, dont l'effet sur les populations fut tel, qu'elles m'expédièrent sur le coup, pieds et poings liés, tous leurs beys, marabouts, agas, muphtis, scheiks et autres gens de cote, suivis de toutes leurs odalisques les plus huppées, demandant au surplus l'aman avec le même empressement que si elles eussent tout d'un coup retrouvé en le général commandant l'expédition Européenne, Mahomet lui-même.

Voici :

Aux peuples Africains !

Généreux fils du soleil, arabes et kabyles, étiopiens et cafres, à vous tous nos saluts fraternels et l'assurance de nos sentiments pacifiques !

Envoyés par le peuple Européen, notre maître, pour vous porter l'expression de l'affection qu'il vous voue, nous vous invitons à nous accueillir sans colère et à nous faciliter notre auguste tâche parmi vous.

Cette tâche c'est celle de vous sortir de l'isolement où vous vivez depuis des siècles ; c'est aussi celle de vous tirer de l'erreur où l'on vous a plongés en vous habituant à voir en nous autres des ennemis héréditaires.

Oui, on vous a trompés, car nous ne demandons qu'à vivre en paix côte à côte avec vous sur cette terre où vous avez jusqu'ici erré comme des ombres et où vous avez manqué de toutes les conditions qui font l'homme heureux et digne ;

Peuples Africains !

Vous vivez dans l'avilissement : nous désirons vous en sortir ;

Vous vivez dépendants : nous désirons vous faire libres ;

Vous vivez dans l'ignorance : nous désirons vous instruire.

Et telle est l'autorité de notre mission, que, voulussiez-vous décliner ces bienfaits, nous devrions vous les imposer.

Vos princes et chefs, avisés particulièrement de nos dispositions, devront, après avoir assuré l'exécution des justes réclamations que nous leur avons fait connaître, se constituer prisonniers en nos mains.

A vous tous la responsabilité du manquement à nos ordres absolus :

Tout rebelle sera fusillé, pendu ou aura la tête coupée ;

Toute ville qui résistera sera livrée aux flammes et sa population sera empâlée.

Dixit.

A Alger, le 31° jour d'août de l'an mil-huit cent-soixante dix-huit de l'ère chrétienne.

Le Commandant en Chef,

ALEXIS AGEDEL.

Le pays ainsi soumis sans coup férir et sans effusion de sang, dans toute sa partie la plus remuante, de la naissance de l'Atlas aux bouches du Nil ; — ses hommes déjà enrégimentés pour la poursuite de la conquête ; — les marabouts, muphtis, ulémas, agas, princes, beys, etc., toute la séquelle des oppresseurs spirituels et temporels du peuple arabe expédiés, à la grande satisfaction de celui-ci, en Europe pour y achever leurs jours dans les forteresses russes et allemandes; — le fruit immense de leurs rapines séculaires confisqué (huit cent millions de francs exhumés du seul palais de Mequinez, résidence de plaisance de l'Empereur Marocain!); — ces trésors amoncelés dans la caisse commune et entamés déjà par des dépenses d'intérêt public; — toutes les forteresses rasées; — les terres déjà distribuées à des légions d'émigrants provenant de toutes les nations représentées dans l'armée d'expédition; — l'éblouissement dans tous les yeux et la satisfaction dans tous les cœurs, — la chose, on le devine, alla comme une transmission de voix par le téléphone.

Dirai-je les exploits du corps expéditionnaire dans cette marche épique, contre laquelle la bataille des Thermopyles n'est qu'une risette? les luttes soutenues toujours avec succès? les merveilles découvertes? l'or et les pierreries récoltés dans les palais des rois et sultans de l'intérieur? l'effroi comique de certaines peuplades hottentotes et autres croyant voir en nous autres autant d'anges ou si l'on aime mieux de diables exterminateurs envoyés vers elles par leurs fétiches en colère?

Rappellerai-je les prouesses, les faits d'armes, les actions remarquables de nos soldats jubilant de leur fortune? Ferai-je le tableau de cette marche féérique d'un million d'hommes armés déployés dans les plaines, montés ceux-ci sur des chameaux, ceux-là sur des chevaux, suivis d'une artillerie formidable, assiégeant les villes qui tombaient comme des châteaux de cartes sous leur souffle, imposant par la force aux peuples sauvages les exemples et la pratique de notre civilisation et de nos progrès?

Ce serait fastidieux.

Bientôt, enfin, nous pûmes voir dans le lointain les murailles du Cap, où nous attendait une population anxieuse et considérablement accrue par des débarquements d'émigrants; les vaisseaux de la flotte, en rade, avaient hissé le bannière internationale surmontant les drapeaux respectifs de chaque nation attachés aux gréements.

Lorsque, à travers le flot immense de poussière que soulevait notre caravane, la population put enfin ne plus douter que c'était bien le corps expéditionnaire qui s'avançait, les vaisseaux de la flotte tonnèrent de tous leurs sabords, et des hourrahs frénétiques nous saluèrent, auxquels, sur un signe que je donnai, répondit le cri formidable, poussé par un million de poitrines, de : Vive la Nouvelle-Europe ! !

La terre en trembla, et . . . .

. . . .

Et,

  Évanouissement d'une splendeur immense!

mon lit, soulevé sans doute par la secousse, déversa sur ma descente de lit ma personne tout en chemise, et bien étonnée, ma foi, de se trouver dans cette situation peu épique.

Réflexion

Temps futurs! vision sublime!
Les peuples sont hors de l'abime.
Le désert morne est traversé.
Après les sables, la pelouse ;
Et la terre est comme une épouse
Et l'homme est comme un fiancé !

Dès à présent l'œil qui s'élève
Voit distinctement ce beau rêve
Qui sera le réel un jour ;
Car Dieu dénoûra toute chaîne,
Car le passé se nomme haine
Et l'avenir s'appelle Amour !

     Victor Hugo.

RÉFLEXION

En fin de compte, pourquoi pas?
Pourquoi le rêve ne deviendrait-il pas la réalité?
Pourquoi l'Europe ne s'imposerait-elle pas le devoir de pacifier et de civiliser le continent africain?
Ce n'est pas une tâche au-dessus de ses forces : — les seuls espagnols — une poignée de combattants! — ne soumirent-ils pas l'Amérique, après que Christophe Colomb l'eût découverte au monde? Pourtant ce ne fut qu'une glorieuse aventure!
En Afrique, nous savons où nous sommes.
Ce continent, il est à notre portée; nous en con-

naissons l'étendue, la population, les mœurs; nous l'avons parcouru à peu près tout entier à cette heure.

Les hommes qui y vivent, nous savons quels ils sont; pour redoutables qu'ils soient, ils ne le sont pas davantage que ne l'étaient ceux que combattirent dans les pampas mexicaines les troupes de Fernand Cortès.

Les obstacles matériels? — Ils ne sauraient, en vérité, arrêter les peuples qui percent des isthmes, pour gros qu'on les présente.

Eh bien?

Aurions-nous des scrupules?

Ah vraiment! ça serait charmant!

Des scrupules? — En avons-nous donc pour nous entredéchirer les uns les autres chez nous, où devrait régner, pour des raisons multiples, la plus fraternelle harmonie?

Oui, en avons-nous des scrupules, nous autres européens, quand, sous les prétextes les plus futiles, nous nous livrons des guerres sanglantes, qui aboutissent à des démembrements réciproques, — disons le mot : à des vols internationaux ; — vols que condamne la raison autant que la conscience, puisqu'ils ne profitent à personne?

La Russie a rayé la Pologne de la carte d'Europe? en est-elle plus prospère?

L'Allemagne s'est annexée l'Alsace et la Lorraine; sa fortune, c'est-à-dire sa richesse publique, s'en est-elle accrue?

— On a modifié des situations historiques, on n'a pas créé de monde nouveau :

Là-bas, ce sera différent.

❋

Là-bas, errent au milieu de plaines immenses incultes des peuples sans mœurs, ennemis — par ignorance — de toute civilisation, et dont les générations se succèdent sans laisser derrière elles en exemple à leurs survivantes que les traces d'une barbarie atroce :

Prendre possession des plaines et soumettre les peuples sera faire œuvre pie.

Je le prouve.

En droit naturel, la terre est chose commune, tant qu'aucun effort particulier ne l'a pas fécondée ; mais dès l'instant où cet effort s'est produit, la propriété est créée.

Une famille européenne décide d'aller se fixer en Afrique ; elle plante là sa tente, au milieu du désert qu'elle ensemense et d'où elle fait jaillir des récoltes : cette terre jusqu'ici vierge et propriété commune devient sienne.

Survient le cosmopolite — l'arabe — qui chasse brutalement la famille du domaine qu'elle a créé : — l'arabe est un spoliateur qui doit être châtié.

Et il doit être d'autant plus châtié, qu'il n'excuse pas sa conduite par le désir de se substituer à la famille européenne dans l'entretien du bien ; le bien, il le laissera péricliter, et aura ainsi commis le double crime de frapper son semblable et de détruire le produit de son activité.

Mais c'est assez parler de l'inanité des scrupules.

Voici venir les véritables raisons qui pourraient s'opposer à la conquête de l'Afrique par les peuples européens coalisés : — les appétits immodérés des uns et des autres, — les jalousies internationales, — la question des droits acquis.

Ces difficultés, le rêveur les avait pressenties et il les avait aplanies.

Sa solution imaginaire, autant que juste et raisonnable, c'était le respect des droits antérieurs et la répartition convenue d'avance des richesses présumées; le cas échéant on n'en saurait chercher une plus équitable et moins vexatoire.

Reste à savoir si l'œuvre vaut la peine que les peuples européens fassent taire, pour l'accomplir, leurs convoitises présentes et leurs espérances sur cette partie du monde; si leur intérêt immédiat ne réclame pas cette solution autant que l'intérêt du progrès humain?

Qui et quoi que vous soyez, lecteur, à quelque nationalité que vous apparteniez, que vous soyez français ou anglais, espagnol ou italien, allemand ou russe, si vous jugez en votre conscience, vous opinerez affirmativement.

Du reste, soyons de notre temps, ne parlons que des profits effectifs qui résulteraient de la colonisation générale de l'Afrique pour notre vieux monde; laissons là toute idée supérieure de progrès, de civilisation et d'humanité; notre époque ne vit pas de ces aliments généreux, elle est positive et aime ce qui « paye. »

Eh bien, la conquête de l'Afrique « paierait, » c'est indubitable.

Voyez plutôt l'Amérique, née d'hier : c'est aujourd'hui le peuple le plus riche, le plus actif, le plus prospère entre tous : l'Afrique peut l'égaler, sinon le surpasser.

Quelle colonie pour l'Europe! quelle source de richesses!

Peuples européens, je vous le dis : *Delenda Carthago!!*

FIN.

TABLE

	Pages
Dédicace.	»
Un mot d'explication	1
Avant le sommeil.	3
Pendant le sommeil.	9
A Paris	13
A Berlin.	29
A Londres.	37
De Rome à St-Pétersbourg	40
En Afrique.	45
Réflexion.	59

FIN DE LA TABLE.

Bordeaux. — Imp. Miocque-Balarac, rue d'Albret, 26.